박 서 혜 시 집

멋진 늦가을

멋진 늦가을

서문

멋진 늦가을을 위하여

朴 瑞 [illegible]

1부

빈 손, 환하다

2부

어디쯤일까

3부

개기일식

1부

빈 손, 환하다

이 봄날!

중심을
사람에서 자연으로
옮긴지 오래인데

새봄 맞아

봄꽃들 다시 돌아오니

그 꽃들에 취하면서도
뭔가 쓸쓸함
떠도는 구름 같으니

중심을 어디에 두어야 하나.

새소리

창 밖 오동나무에 새소리 참 맑다

오면 반갑고
가면 서러운

저 새소리 돌아오니
아마도 며칠 안에
겨울철새들은 돌아갈 것이다

저 맑은 새소리에 취해
겨울철새들 잊고 지내다
불현듯
그 소리 그리워지면

찬바람은 얼음처럼 쨍하게
창을 두드리고 있을 것이다

낙엽처럼
새순처럼

때맞추어 나를 찾아주는 새소리들,

가끔 나를 하늘에 올려놓는다.

오동나무 꽃 © Pseohye

봄길

오대호를 끼고 달리는 내내

하늘 풍경은
그믐달과 마주하고 있는
별 하나 뿐이고

땅 풍경은
단풍 든 울울한 나무들뿐이다

큰 손주와 함께
작은 손주에게로 가는 길,

여섯 시간을 달려

작은 손주가 있는
도시의 불빛이 보이자

가을 풍경들 사라지고

봄 풍경의 길이 열린다.

폭염

마당에 나와
등받이 의자에 기대어
하늘을 올려다보니

저녁놀에 물든 구름들이
함께 어울려
빠르게 가고 있다

한참 올려다보고 있으려니
눈시울이 더워진다

과연 저곳에
그리운 사람들이 있을까,

해는 한참 기울었는데
바람은 여전히 덥다.

부활인가, 재생인가

눈이 휘날리는데도
철쭉 마른 잎들 사이엔
꽃 몽우리가 다소곳하다

꽃나무들도
가지마다
꽃 몽우리들을
줄줄이 달고 있다

봄 햇살 받으면
그 몽우리들은
이 지상을
환히 밝힐 것이다

그러다

다시 겨울은 오고
그 해의 마지막 꽃마저
스러지면

나무들은 다시
봄을 꿈꾸며
빈 가지에

꽃 몽우리들을 품을 것이니

부활인가, 재생인가.

제비도 돌아오는 봄날에

봄이 오면
지천으로 피어나
흔히 밟히기도 하는
제비꽃,

오늘도

막 따온 꽃잎에
맑고 뜨거운 물을 붓는다

서서히 우러나는 청보라 빛,

제비꽃이

하늘과 맞닿는 순간이다.

제비꽃 차 © Pseohye

라벤더 향기 같은

꿈같은 사흘을 뒤로하고
돌아가는 먼 길,

헝가리 미슈콜츠의 길 위에는
석별의 비가
잔잔히 내리고 있었다

우리들의 만남은 진하고도 아름다웠다

햇살에 반짝이는 고요한 강물처럼,

라벤더 향기 같은
한 아이를 중심으로

우리들의 시간은

그렇게 흘러갈 것이다.

깃든 슬픔

살아 있음으로

빛나는 저 기운.

그들의 집

늦여름 풀밭은
사마귀, 방아깨비, 메뚜기, 사슴벌레, 장수하늘소
쥐며느리, 개미
그리고
알고 모르는 수많은 생명들의
아름다운 집이다.

그런 풀밭인
잔디밭을
우리는 정원이라고
즐기며
밟고 다닌다

너무나 잘 자라는 풀들,

그대로 두면
아침 이슬에 발목 젖고
대낮 풀잎에 발목 베인다

그리하여

정원을 가꾼다며
잔디를 깎는다

그들의 목숨도
함께
깎여나간다는 것을
아예 잊은 듯
잔디를 깎는다

미안해

잔디밭 한가운데를 둥글게 남겨
그들의 집을 보존하기로 했다.

둥근 그들의 집은
자연 그대로 철따라
무성했다 시들었다 할 것이다

오늘도
둥근 그들의 집을 들여다 본다
폴짝폴짝 푸르른 그들을 본다.

아직도 먼 나에게

터질듯
붉은 산딸기에
벌 나비 찾아드니

그냥 하나가 되네

나도
그들과 하나 되려
손 내밀어도
내 손은 닿질 않네

아직도 멀었구나,

산 속 나무들 우듬지 사이로
간간이 보이는 하늘을
동무 삼아
산길 내려오는데

아직도 먼 나에게

그 푸른 하늘이

한 마디 툭 던지네.

그들의 하늘

새들이 가끔
유리창에 박치기를 한다

때론 천둥소리 같다

오늘도
산새 새끼 한 마리
꽝 부딪치니
놀란 어미 황급히 날아왔다가
어쩌지 못해
전깃줄에 앉아 바라만 보고 있다

산새 새끼 혼미한 정신으로
한 삼십분 정도
위태롭게 창틀에 앉아 있더니
조금씩 움직인다

고맙고도 고마운 일이다

때론 영영 깨어나지 못하는 새들도 있다

사철 내내
마니산 참성단을 눈앞에 있게 하고

자연의 순리를 극진히 보여주는
저 유리창이

열린 그들의 하늘이 아니고
닫힌 사람들의 유리창이라고,

새들에게 어떻게 알려야 할까.

새 © Pseohye

저 너머

우연히 만난 사진 한 장,

다대포의 일몰을 들여다보니

까치놀 속으로 사라지는 아버지가 보인다

다대포는 아버지의 본향이다.

강가의 버드나무

강가에
연치를 알 수 없는
오래 된 버드나무가 있다는
그 곳,

그 곳에서
엄마가 기다리신다고
기다리시니 가야한다고

스승께서는
그 말씀을 자주 하셨다

나도 이제 연치가 쌓여

그 곳 버들잎에 스치는
바람 소리를

가끔 듣곤 한다.

우체통.1

봄이 오자
우체통 투입구로 새들이 들락거렸다

조그만 산새 두 마리가
둥지를 트느라
이것저것 입에 물고
부지런히 들락거렸다

그러기를 며칠,

궁금해
우체통 문을 조심스레 열어보았더니
둥지 안엔 알이 여덟 개나 있는 것이 아닌가,

그날부터 우체통은
그들의 집이 되었다

며칠 후
차례로 부화한 새끼들은 저마다
노오란 부리를 사랑모양으로 한껏 벌리고
어미 새 애비 새는
먹이 나르기에 바빴다.

그 와중에도
누군가 우체통에 가까이 가면
먹이를 문 채 경계의 눈으로
전깃줄에 앉아 절대 다가오지 않았다

그러든 어느 날
투입구로 빠져나와 날아가는
새끼 새 한 마리를 보았다

그러기를 여러 날
마침내 우체통엔 깃털과 지푸라기만 남아 있었다.

그 빈 우체통을 그들에게 좀 더 안전한
마당 안 쪽 오래 된 소나무 아래로 옮겼다

그리고 팔 년,

올해도
차례로 투입구를 빠져 나와
푸른 하늘로 훨훨 날아가는 새들을
보고 있다.

박새 © Pseohye

우체통.2

팔 년 전

소나무 아래로 옮겨 논 우체통에
해마다 봄소식처럼 날아드는 산새들,
여름이 온 지금까지도 새들의 입주가
끊이질 않는다

소나무 아래 옛 우체통에
입주의 기회를 잡지 못한 산새들이
대문에 있는 새 우체통에
새로운 입주를 시도했다

까~~악

어느새 여섯 마리가 노란 부리를 벌리고 있다.

산새마저도 아파트를 선호하다니!

숨 막히는 꽃들과 함께
봄을 다 보내고 나니
어느새 우체통은 비어 있었다

빼앗긴 우체통 찾을 양으로

빈 둥지 걷어내고
우체통 문을 활짝 열어 놓았건만

과연 우체통을 다시 찾을 수 있을까.

주홍빛 나리꽃들

개구리들의

우렁찬 합창도 묻어버린

유월 장맛비,

그 비 그치니

오색 무지개 서듯

새 세상이 열리고 있다

새들은 쉬지 않고 노래하고

잠자리들은 햇살 담은 날개로 종횡무진,

장마 중에도 끊임없이 피어나던

주홍빛 나리꽃들을 들러리로

산자락의 모든 목숨들

싱싱 살아나고 있다

텅 비는 순간

해가 갈수록

꽃들은
풍성해져가고
눈부셔가는데

나는 퇴행성이다

봄 산에 오르니

산꽃들이
내 마음을 비워준다

산을 오르고

계곡을 건너는 사이

푸른 산기운이
나의 퇴행성에

손님 같은
새순을 밀어올린다

내 마음이

텅 비는 순간이다.

빈 손, 환하다

처음엔 무심히

산꽃들 꺾어 와 꽂아놓고
산딸기는 맘껏 따 와 담아놓고
그냥 즐겼다

그러나
산을 떠난 그들은 하루를 가지 않았다

꽃 하나도
열매 하나도
제대로 알지 못하고
살아 온 긴 날들,

그 후

산속 바위에 앉아
꽃도 열매도
바라만 보고 있노라면

푸른 산 공기가
나를
풍선처럼 부풀려준다

내려오는
발걸음은 가볍고

빈 손, 환하다.

할미

사월이 오면
마당 한 쪽 양지 바른 둔덕에
흰 솜털 보송보송 걸치고
겸손히 피어나던 자줏빛 꽃,

언제나 흙만 내려다보던 꽃,

해마다 피던 그 꽃이
올봄
사라져버렸다

흔적도 없이 사라져버렸다

혹여 뿌리라도 있을까
그 자리를 파보았더니
뿌리의 흔적도 없다

흔적도 없이 완벽하게
사라져버린 할미꽃,

어디로 간 것일까?

할미들도 저렇게 사라져버리는 것일까?

2부

어디쯤일까

가을 햇살

잎들은 햇살에 반짝이고

잠자리들은 종횡무진이다

아직도 목백일홍 무지 붉은데

나는 아프다

가을밤

풀벌레 소리에 이끌려
마당으로 나오니

산자락 밤공기와
풀벌레 소리
서로 스며

창창한 세상을 이루고 있다

이 밤,

그 창창한 세상이

나를 가볍게 들어
별바다 속으로
던져놓는다

지상의 삶이
너무나 아득해 보이는

가을밤이다.

향기를 나누다

내 뜰 안의
키 큰 모과나무 한 그루,

그 풍경만으로도 부자인데
대풍이다

지나가는 사람들이
그 모과나무를 향해
탄성을 지르면
나는 더 신나는 부자가 된다

때가 되어
모과를 나누기 시작했다

나눌수록
모과 향은 더 짙어져 가고
나눈 사람들 사이에는
향기의 흐름이
유유(幽幽)해졌다

늦가을 바람과 한바탕 놀이가 끝난
모과들은
초겨울 내 뜰 안에 누워
그 유유함에 합류되기를 기다리고

모과 © Pseohye

아직도 저 높은 곳에
매달려 있는 모과들은
그 유유함에 합류되기를
꿈꾸고 있을 것이다.

포도 향

이 먼 곳까지 안부를 묻는 사람들,

참성단 소사나무가 훤히 보이는 마루에 누워

그들의 안부를 높은 가을 하늘에 척 걸쳐놓고

그 안부의 메아리에 가슴 적시고 있노라니

서해의 해풍이

건너 마을의 달고도 진한 포도 향들을

은은히 싣고 와

메아리 친 내 가슴에 슬쩍 내려놓고 가네.

작약을 거느린 집

아침이면 우리를 깨우던 기상신호가 사라졌다

함께하던 아침 산책도 사라졌다

햇볕이 따갑다고 보내던 구원의 신호도 사라졌다

산책 시간이라고 끈질기게 주던 눈치도 사라졌다

천둥번개에 낑낑대며 우왕좌왕하던 모습도 사라졌다

나는 꿩도 잡고 고라니를 쫓던 용맹도 사라졌다

진드기를 잡아주면 지긋하게 눈 감고 흘리던 침도 사라졌다

아무도 접근할 수 없게 하던 그 무서운 호기도 사라졌다

집에 들어설 때마다 제일 먼저 부르던 이름도 사라졌다

고개를 바짝 치켜든 채 마니산을 응시하던 그 멋진 모습도
사라졌다

작약이 봉우리 트던 오월 아침에 이 모든 것, 순간 사라지고

빈 집 빈 목걸이 빈 밥그릇 빈 물그릇 그리고

졸면서 해바라기하던 움푹 팬 자리만 남았다

그가 마지막 잠든 그 자리에 그의 새집을 마련했다

노란 바람개비 대문에 체취가 밴 빨간 목걸이를 걸어놓았다

그의 새집과 옛집이 작약을 거느리고 푸른 하늘 아래
나란히 있다.

자존심

날씨가 더워지면
극성을 부리는 진드기들,

잡풀 뽑기처럼 끝이 나질 않는
진드기 잡이,

잡는 내내
내 무릎 사이로 머리 들이박고
침 질질 흘리는
늙은 진돗개 진도,

그런데

온몸을 살살이 훑다
사타구니 바로 거시기에
깨알 보다 작은 놈들이
다닥다닥 붙은 있는 것이 아닌가

어쩐다, 몹시 가려울 텐데…

아주 조심스럽게
세 번째 것을 떼어내는 순간,

진도와 달래 © Pseohye

내 고함 소리에
진도도 놀라
입을 떼어내었지만

눈은 피하면서도
넌지시 화해의 몸짓을 건네는 진도를
못 본 척
하루 종일 미워하다가
통증 속의 하룻밤을 지나고 나서야
비로소 깨달게 되었다

진도의 자존심을 건드리다니!

폭염 속 햇빛 쨍쨍한 여름 날,
이기적 사랑이 부른 참사였다.

쌍둥이네 할머니.1

유모차에
들기름 한 병, 무청 말린 것, 무말랭이,
그리고 무 두 개를 싣고
엄동설한 추위에 올라오셨다.

쌍둥이네 밭은 바로 우리 집 앞,

한겨울 빼고 언제나
푸릇푸릇 주렁주렁한 그 밭 한 쪽엔
오래된 감나무 한 그루 있어
더러는 곶감이 되고
더러는 까치밥이 되어
초겨울까지 근사한 풍경이 된다

할머니는
번갈아
파종하시고 추수하시며
엄동설한만 빼고
그 밭을 경작하신다

밭일 끝나고 집으로 내려가실 때는
방금 수확한 제철 작물들을
우리 집 울타리 안으로 곧잘 던져 놓으신다.

우리 이웃엔
농사를 짓지 않는 집들이 있는데
해마다 가을걷이가 끝나면
손수 짜신 들기름을
한 병 씩 꼭 나누어 주신다
나는 십 년 넘게 할머니가 주신 들기름으로
나물도 무쳐 먹고 묵도 쑤어 먹고 있다.

새해 인사도 드리지 못했는데
할머니가 먼저 올라오신 것이다

싣고 오신 보따리 풀어놓으시고
이야기보따리도 풀어 놓으신다

한 마을에서 태어나
같이 자란 동갑내기가 넷이 있는데
그 중 한 분이
어제 저녁 서울 아들네 집에서 돌아가셨다는 말씀을
아주 담담하게 하신다.

노을보다 예쁜
쌍둥이네 할머니는
올해 아흔 둘이시다.

쌍둥이네 할머니.2

겨우내
바싹 마른 낙엽처럼 계시더니
봄 햇살 등에 업고
반짝반짝
유모차 밀고 밭에 올라오신다

올해의 농사를 위해
아흔 두 해의 오래 된 나무에
새순으로 돋아나시는 환한 순간이다

막 봉우리 터뜨리기 시작한
마니산 자락의
꽃나무들과 산새들이
반갑다는 인사를 드려도
할머니는
겨우내 그리웠던
밭에 푹 빠져
대답이 없으시다

할머니의 봄맞이는
마늘 밭에 김을 매시는 것으로 시작된다

마늘 밭에 푹 빠지신
할머니의 둥근 등 위로
마니산 자락의 꽃나무들이
갓 핀 꽃향기를
장수하시라고
자꾸 자꾸 내려놓는다.

어디쯤일까,

오밤중

산 속 깊은 곳에서 노래 소리 들려온다

가락이 없는 노래다

허공을 꽉 채운 풀벌레 소리를 뚫고 아주 가깝게 들려온다

때로는 저 깜깜한 산 속을 홀로 움직이는 불빛을 볼 때도 있다

다들 깊이 잠 든 이 시간에

움직이는 불빛과

가락 없는 노래는

그들 삶의 어디쯤 와 있는 것일까.

숲 속 이야기

이 신선한 산자락에

때때로

산을 쩡쩡 울리는
무서운 소리가 들려온다

그 무서운 소리가
한참 동안
산자락을 뒤흔들다

순간

뚝 그친다

한 쪽이 끝난 것이다.

주일 아침

못생겨도 귀여운 이웃 집 꼬마 강아지,
겨우내 우리 집 마당에 와 햇별 바라기하더니
어느새 자리 잡고 살기 시작하였다
주인이 찾아와도 모른 척하고
의기양양 근 이 년을 그렇게 살았다
상처가 많은 개인지 절대 곁을 주지 않았다.
며칠 씩 외박을 하고
비쩍 마른 모습으로 나타나선
당연한 듯 밥 달라고 잉잉거렸다
밥을 주어도 집을 지어주어도
절대 곁은 주지 않았다

겨울 한 밤
끈 풀린 이웃집 진돗개가
꼬마 강아지를 공격했고
우리 집 덩치 큰 진돗개도 공격을 당했다
새벽 한 시의 혈투였다
휴전을 위해 여러 방법을 동원했으나
그들의 혈투는 결국 물세례로 끝났다

꼬마는 끝내 일어나지 못했고
덩치는 콧등에 상처를 입었다

하나님을 찾는 주일 아침이다.

눈은 축복처럼 내리는데

눈이
잠깐 멈춘 사이

마당의 눈 치우고
쌀을 뿌린다

새들은 어디선가 날아와
부리를 댈 것이다

그러나

마당 건너

겨우내 뽑지 않고 버려둔
마른 고춧대 사이를
겅중거리고 다니는
저 고라니들은 어떡하나

눈은 축복처럼 내리는데

어느 겨울 아침

산자락에
도시 사람이 땅을 샀다
제일 먼저 한 일이 울타리였다
그리고 몇 년 째
그 울타리 안은
여름이면 잡초 무성하고
겨울이면 마른 덤불들만 산다

아침 산책길에
울타리 옆을 지나는데
그 안에서 먹이 찾던
새끼 고라니 두 마리,
우리를 보자
놀라
이리 저리 뛰기 시작한다
그러나
울타리 뒤쪽 둔덕에선 쉽게 뛰어내렸지만
안에서는 울타리가 너무 높아
아무리 뛰어올라도
계속 곤두박질이다
함께 간 진돗개 진도도
그들을 보자 날뛰기 시작한다

한 시간 쯤 후,

걱정스러워
다시 그곳엘 가보니
새끼 고라니 두 마리,
아직도 덤불 속에 있다가
날 보자 기겁을 하고
또 이리 저리 마구 뛰기 시작한다

울타리 쪽문을 열려는데
한 놈은 죽을 힘 다해 울타리를 넘고
한 놈은 열어 논 쪽문으로
잽싸게 달아난다

휴우, 그렇게 어느 겨울 아침을,

새끼 고라니들은 산으로 돌아가고
나는 집으로 돌아왔다

삶에 대하여

햇살 스민 멋진 구름들 사이로

하늘의 집을
볼 수 있지 않을까

깊숙이 내 마음을 던졌건만

내 그리던 집은
어디에도 없었다

꿈이었나,

구름 아래 세상을 내려다보니
그곳도 꿈처럼 보였다

황망해하는 사이

비행기는 하강하고 있었다.

비행기 © Pseohye

마른장마

맘껏 날아다니며
요란하게 울어대는 새들도
마른하늘은 뚫지 못한다

마르고도 눅눅한 하늘에
소리만 부딪칠 뿐,

눈물 가득해도
울지 못하는 하늘이나
울어도 하늘을 뚫지 못하는
새들이나

모두
쩍쩍 갈라진 논바닥이다.

꽃사슴이 말하다

이 깊은 산속에서
친구들과 어울려
너무나 잘 살고 있는 우리들에게

느닷없는
한 발,

저 깊은 바다 속에서
친구들과 어울려
너무나 잘 살고 있는 물고기들에게도

느닷없는
한 발,

쏘지 마.

미친 불은 싫어

우린

그냥 이대로 살고 싶어.

시골 버스.1

저물녘 논둑에 서서
머리등 켜고 번호판 반짝이며
찻길을 달리고 있는 시골 버스를 바라보면
아주 낭만적이다

그러나

갈 곳이 있으면
긴장되는 시골 버스,

시간 맞추어나가도
타기 전까진
한없이 불안한 시골 버스,

시간표보다 너무 늦어
왜 늦었냐고 물으면
퉁명스러운 대답만 돌아오는 시골 버스,

그래도

장날엔 꼭 타야만 하는 시골 버스

아는 얼굴 만나면 마냥 반가운 시골 버스

경운기보단 훨씬 빠른 시골 버스.

도시의 자식들에게 갈 땐 꼭 거쳐야만 하는 시골 버스

그리하여

없으면 안 되는 시골 버스.

시골 버스.2

텅 빈 목백합 가로수 길을
시골 버스가 달린다

갑자기 속도를 줄이더니
정류장도 아닌 곳에 차를 세운다

기사는
문을 열고 훌쩍 뛰어 내린다

그리고

가로수 아래 쪼그리고 앉은
낯선 등만 보인다

잠시 후

버스로 돌아온 기사는
비닐봉지를 흔들어 보이며
갈 때 보아 둔 버섯이란다

무슨 버섯인지도 모른다면서
무 넣고 끓이면 아주 맛있단다

아직도
길 위엔 오는 차 없고 가는 차 없다

버스는 달리기 시작한다

승객은 할머니 둘 뿐이다.

멋진 늦가을

여름 내내
무늬도 근사한 말벌 집을 품고 있던
저 나무,

지금
살아온 날들의 빛깔로
단풍 드는 중이다

저 많은 잎들도
추억 따라
단풍 드는 품새가
다 다르다

빈 말벌 집을 매단 채
깊은 가을 풍경이 된
저 나무,

그 풍경 안에
멋진 늦가을 한 분도
계신다.

말벌 집 © Pseohye

무거워서 깊은

아주 오래 전

엄마는
밍크 담요를 마련해
나누어주셨다

시간의 흐름에 따라
이불들은 깃털이 되어 갔고
담요는 무거워져 갔다

그럴 즈음

무겁지만 밍크처럼 따뜻하다는
두 겹의 담요를 해체해
한 겹의 담요로 만들어주셨다

산국, 구절초들이
빛을 완전히 잃는 초겨울이 오면
나는
깃털 이불 위에
무거워서 깊은
엄마의 담요를 포개 덮는다.

3부

개기일식

등을 걸다

겨울 들판에 서서

살아온 날들의 그림자를

아주

가볍게 달고

한 생애의

쓸쓸하고도 찬연한 등을

석양에 걸어본다

희미한 낮달

아주 먼 곳에서

울림처럼 들려오는 소리,

아버지의 목소리다

하던 일 멈추고

하늘을 올려다보니

저 먼

구름 아래

낮달 한 조각,

어렴풋하게 떠 있다.

낮달 © Pseohye

보세란

설전에 꽃대를 올리더니

설날 아침에
꽃들 활짝 피었다

보세란 두 분(盆),

엄동에
새해를 알리기 위해 핀다는 꽃,

집안엔 난향 그윽하고

꽃대에 맺힌 꿀들은 달다

새해에는 복 많이 받겠다.

꽃 핀 할머니

호야 꽃이
지난 가을에 피더니
올해에는
벌써 두 번째 피었다

연초엔
보세란 피어 새해 복 많이 받았는데

오월 칠월
호야 꽃 두 번 피어
두 배의 행운까지,

물 밖에 준 것 없는 나에게
복 주고 행운 주니

나야말로
꽃 핀 할머니.

개기일식

노란 리본들이

난간에 매달린 채

바다 바람에

무섭게

휘날리고 있는 저 풍경.

밥 한 끼

누구나

아주 쉽게 말하는
밥 한 끼,

그러나

밥 한 끼를 함께 한다는 것은
일생의 한 끼를 함께 하는 것이다

그 한 끼로

밥 속에 담긴 복을
함께 나누고
밥 속에 담긴 고해를
함께 건너는 것이다

돌이킬 수 없는
거룩한 일생의 한 순간을
함께 하는

우리들의 밥 한 끼.

겨울나무

초겨울 비바람에도
별일 아니라는 듯

남은 감 한 알,
모과 한 알,
끝까지 매달고 있는
저 나무들의 힘

겨우내
가지마다 하얀 눈 포근히 덮고
따뜻한 날들이 오면
열매를 위한 꽃들을
청청 하늘에
환하게
걸어놓을 꿈들을
꾸고 있겠지

이 스산한 겨울 날,

나도

열매를 위한 꽃들을 꿈꾸며
겨울 햇살에 몸을 맡긴다.

까치 © Pseohye

흥손치기

새벽 놀 물들 때

그가 왔다

그가 와

나에겐
아주 멋진 절대 애인이
둘이 되었다

오래도록 함께 하고 싶은 나의 애인들,

그리하여

해질 무렵마다

내일 또 만나자고

저녁놀과

흥손치기를 한다

동짓달 즈음

결국

남는 건

눈물 한 방울,

그 방울 속에 한없이 영롱한

두 놈.

그 마지막 사랑

잎 진

빈 가지에 매달려

서로

눈길 떼지 못하는

감 두 알.

어느 날

긴 세월 잘 가던 벽시계가 멈추었다

먼지로 찌던 묵은 시계를 잘 닦아 건전지를 갈아 끼웠다

당연히 갈 거라 생각했던 시계는 꼼짝도 하지 않았다

다른 건전지도 끼워 보고 애매하게 때려도 보았건만

바늘은 0시에 겹쳐 있었다.

일흔

이제 무엇을 그리워해야하나,

저물 녘

오월 꽃밭을 통째로 끌어안고

하늘 아래 서 있다.

모란 © Pseohye

저문다는 거,

칙칙하고 눅눅한
긴 장마 중

하루 반짝
갠
저녁 무렵

논둑을 걸으며
하늘을 올려다보니
석양과 구름들이 서로 스며
눈 닿는 곳마다
장관이다

그야말로 장관이다

저문다는 거
저리 아름다운데,

그래,

모든 저무는 거
다 저리 아름다울 것이라고.

참 아름다웠던 사람

이 세상 곳곳에
그의 조형물들이 자리하고 있고
마니산 아래 내 집 마당에도
그의 조형물이 있다

공존-꿈

함께 살아가는 것을 꿈꾸던 그는

함께 살기를 간절히 원하는 사람들을 뒤로하고

어디로 간 걸까,

그의 조형물 아래서

가는 길 편하라고

하루 종일 잡초를 뽑는다

기러기와 함께

가을꽃이
슬슬 지기 시작하면
기러기들은
대오를 맞추어
온다

늦가을에서 한 겨울까지
이 논
저 논을
부지런히 찾아다니다

봄꽃들이
몽우리를 맺기 시작하면
까악 깍 울어대며
대오를 맞추어
간다

그렇게

한 해는 오고

한 해는 간다.

기러기 © Pseohye

그리운 보랏빛

유리 액자 속의 보랏빛 그림을 만났다

추상으로 이루어진 빛의 세계,

아득했다

꿈을 꾸는 듯 어렴풋한 순간이었는데

그 보랏빛은

이미 내 깊은 곳에 들어 와

그리운 집 한 채가 되어 있었다.

評論

일상에서 길어올린 시 언어의 힘

시를 읽지 않은 지 오래되었다. 그리고 올해 한여름, 젊은 시인들과 동네를 돌아다니며 작은 콘서트를 열었다. 강화 출신의 젊은 시인과 강화가 낯선 젊은 시인이 낭송하는 시를 들으며 강화에 머무르기도 했다. 일주일 남짓 그렇게 시와 음악을 접한 뒤에 이 시집의 원고가 내게로 왔다. 사라진 줄 알았던 시에 대한 애정을 재확인하기에 맞춤한 타이밍이었다. 다행히 박서혜 시인의 시는 오랜만에 시의 세계로 돌아온 탕아 같은 나를 독자로 받아주었다. 이 글은 문학 평론가가 아닌 글 쓰는 사람으로서, 시인의 첫 번째 독자가 된 반가움과 감사함에서 쓰여진 글임을 미리 밝혀둔다.

박서혜 시인의 여섯 번째 시집인 『멋진 늦가을』은 얼핏 강화의 바람과 땅과 나무, 이웃들이 오롯이 담겨있던

다섯 번째 시집 『마니산 자락』의 연장선으로 보인다. 하지만 세 번째 시집 『하늘의 집』이 아버지에게, 다섯 번째 시집 『마니산 자락』이 어머니에게 바치는 헌사였다면, 이번 시집은 박서혜 시인 자신을 위한 헌사라고 읽어도 무방할 듯하다.

이번에도 시인이 살고 있는 강화도 화도면 문산리 마니산 자락의 풍경은 여전히 큰 부분을 차지한다. 손에 잡힐 듯 생생한 풍경은 비슷할지 몰라도 시인의 시선은 한층 더 깊어져 있음을 확인할 수 있다. 강화의 풍경은 "봄이 오면 지천으로 피어나 밟히기도 하는 제비꽃"(「제비도 돌아오는 봄날에」)으로, 서해의 해풍이 싣고 오는 "건너 마을의 달고도 진한 포도 향"(「포도 향」)으로, "빈 말벌 집을 매단 채/깊은 가을 풍경이 된"(「멋진 늦가을」) 나무에서도 여실히 묻어난다. 총 3부로 이뤄진 이번 시집은 살아 숨 쉬는 것들에 대한 그리움으로 가득 차 있다. 인천에서 강화로 터를 옮긴 지 어언 15년, 시인이 발 딛고 살아가는 강화라는 지역과 그 풍광이 시의 주연으로 캐스팅된 것은 지극히 자연스러워 보인다. 인천이라는 대도시와 어울리지 않는 자연과 시골 마을의 풍경이 가득한 이번 시집은 살아있어서 안쓰럽고 또 의미있는 생명들의 이야기이기도 하다. 그 이야기에는 먼 이국 땅에 사는 손자, 애써 농사지은 농작물을 나누는 이웃, 운전하다 말고 훌쩍 뛰어내려 이름도 모르는 버섯을 따가지고 오는 버스기사까지 포함되어 있다.

이 원고를 읽는 동안 뒤늦게 영화 〈내 사랑〉[1]을 봤다. "사랑한다"는 대사가 한 마디도 나오지 않는데도 남녀 주인공의 사랑이 오롯이 느껴지는 이 영화는 캐나다 화가 모드 루이스의 실화를 바탕으로 만들어졌다고 한다. "붓 한 자루만 있으면 아무래도 좋다"던 모드는 장애 때문에 인정받지 못했던 외로운 사람이지만, 주변의 모든 것들이 가장 행복했던 순간을 그림에 담아내는 특별한 능력을 가지고 있다. 영화를 본 후에 모드의 그림들을 더 찾아보면서 박서혜 시인의 시와 닮았다고 생각했다. 물론 나이브(naive) 화가[2]였던 모드 루이스와 시인을 단순하게 비교하기란 어렵다. 다만 캐나다 노바스코샤에 위치한 작은 시골 마을의 사계절과 말, 사슴, 고양이, 꽃 등을 주로 그린 그녀의 그림과 강화의 풍경을 중심으로 빚어낸 박서혜 시인의 시에서 묘한 공통점이 느껴졌다. "내 인생 전부가 이미 액자 속에 있다"고 말했다는 모드 루이스처럼, 박서혜 시인의 시 역시 시인의 생애를 시간의 흐름에 따라 담아내고 있는 건 아닐까. 보는 사람의 마음을 한없이 따뜻해지게 만드는 모드 루이스의 그림처럼, 박서혜 시인의 시들은 팍팍한 현실에 무뎌진 마음마저 순하게 만들어버리는 힘을 갖고 있다.

---

1) 에이슬링 월쉬 감독, 샐리 호킨스 · 에단 호크 주연의 2016년 영화
2) 정규 미술교육을 받지 않고 미술의 양식 문제에 구애되지 않는, 자연과 현실의 시각적인 대상에 대하여 경건할 만큼 소박한 태도로써 건강한 리얼리즘을 예술의 기초로 삼는 아티스트를 통칭한다.

“나눌수록 모과 향은 더 짙어”(「향기를 나누다」) 진다는 걸 알고 있는 시인이기에 뜰 안의 모과나무가 주는 넉넉함부터 하늘과 맞닿는 제비꽃(「제비도 돌아오는 봄날에」)까지 나누고 싶은 것이 많다. 반면에 걱정거리도 많다. 축복처럼 내리는 눈에 감탄하다가도, 동물들의 겨울나기를 근심한다. 새들을 위해 마당 안쪽에 쌀을 뿌려놓고도, 마당 건너 들어올 수 없는 고라니들은 어떻게 해야 하나 근심하는 시인의 품이 넉넉하기만 하다. 잠깐만 방치하면 수북해지는 마당의 풀을 깎으면서도 ‘미안’한 시인은 그 안에서 살아가는 이름 모를 벌레들을 걱정하며 수많은 생명들의 집을 위해 “잔디밭 하나운데를 둥글게 남겨”(「그들의 집」) 내준다. “자연 그대로 철따라/무성했다 시들었다 할 것”을 기대하면서.

오늘도

막 따온 꽃잎에
맑고 뜨거운 물을 붓는다

서서히 우러나는 청보라 빛,

제비꽃이

하늘과 맞닿는 순간이다.

–「제비도 돌아오는 봄날에」 부분

박서혜 시를 읽는 또 하나의 즐거움은 일상에서 길어올리는, 자칫 진부할 수 있는 소재의 재발견이다. "시간 맞추어나가도/타기 전까진/한없이 불안한 시골 버스"(「시골 버스 1」)지만, 생활의 불편함으로만 느껴질지 모르는 시골 버스의 불규칙한 운행마저 시의 소재가 되어 독자를 즐겁게 한다. 강화로 이주한 지 15년여, 시인의 시골살이에는 불평거리보다 걱정하고 배려할 생명들이 더 많다. 산책 나가야 하는 강아지, 유리창에 부딪쳐 다칠까 저어되는 새들, 수줍게 피어나는 꽃까지 시인의 시선을 비껴가지 못한다. "유모차에 들기름 한 병, 무청 말린 것, 무말랭이, 그리고 무 두 개"(「쌍둥이네 할머니 1」)를 싣고 엄동설한 추위에 이웃의 집까지 올라오신, 아흔 두 살 먹은 쌍둥이네 할머니 이야기는 그 풍경을 머리속에 그려보는 것만으로도 충분히 시(詩)적이다. 십 년 넘게 할머니가 이웃들에게 나눠주는 직접 짠 들기름을 먹고 있다는 시인과 할머니의 인연 때문일까, 시골 이웃의 이야기에 시인은 남다른 관찰력으로 한 켜를 더 얹어 놓는다. 봄이 오고 농사를 짓기 위해 밭에 오는 노인의 발걸음을 "봄 햇살 등에 업고 반짝반짝"(「쌍둥이네 할머니 2」)하다고, "아흔 두 해의 오래된 나무에도 새순이 돋아나시는"순간이라고 말해주는 것이다. 마늘밭에 둥글게 엎드려 계신 할머니의 등을 바라보며 "마니산 자락의 꽃나무들이 갓 핀 꽃향기를 장수하시라고 자꾸자꾸 내려놓는다"(「쌍둥이네 할머니 2」)라고 표현하는 시인의 눈썰미는 놀랍다. 고된 노동으로 등 굽은 시골 할머니의 농사일을 '어머니의 희생'이나 '노모의 부지런함'으로 찬양하는 진부한 시편들에 견주어보면 말할 것도 없다.

동네 이웃만이 시인의 눈에 포착되는 것은 아니다. 달, 별, 구름같은 하늘, 나무, 잡초, 산딸기, 모과, 감, 기러기, 제비, 고라니, 진드기, 말벌, 산새 같은 뭇 생명들은 물론이고 멈춰버린 시계, 산새 집으로 변신한 우체통까지 시인에게는 새로운 이야깃거리가 끊이지 않는다. 그 중에서도 시인의 사랑을 듬뿍 받는 생명은 식물, 그 중에서도 단연 꽃들이다. 모과나무, 오동나무, 소사나무같은 나무와 나리꽃, 할미꽃, 목백일홍, 작약, 목백합, 보세란, 호야, 모란, 제비꽃, 철쭉, 라벤더까지 열거하기도 숨가쁜 꽃들의 향연이 펼쳐진다. 꽃 몽우리가 꽃으로 피어나고 스러지는 시간의 반복을 "부활인가, 재생인가"(「부활인가, 재생인가」) 굳이 되묻는 것은 시인 자신이 맞닥뜨린 노년의 시간과 지나온 생애의 시간이 반사되기 때문은 아닐까. 그 반사된 시간 속에서 시인은 방황한다. "꽃들은 풍성해져가고 눈부셔가는데/나는 퇴행성"(「텅 비는 순간」)이라고, 해마다 피어나던 자줏빛 할미꽃이 사라진 황망함을 내보인다. 하지만 그것도 잠시, "푸른 산기운이/나의 퇴행성에/손님 같은/새순을 밀어올"리는 것을 발견하고, 산에서 꺾어오던 꽃과 딸기를 놓고 빈손으로 오는 즐거움을 노래한다.

흔적도 없이 완벽하게
사라져버린 할미꽃,

어디로 간 것일까?

할미들도 저렇게 사라져버리는 것일까?

－「할미」 부분

산속 바위에 앉아
꽃도 열매도
바라만 보고 있노라면

푸른 산 공기가
나를
풍선처럼 부풀려준다

내려오는
발걸음은 가볍고

빈 손, 환하다

－「빈 손, 환하다」 부분

부활과 재생을 고민하던 시인에게 자연의 생명력이 열어젖히는 "새 세상"은 싱싱한 현재진행형이다. 그래서 시인은 자연 속에서, 풍경 속에서 살아 움직이는 모든 생명에 대한 경외를 표하곤 한다. 일상에서 마주치는 동물들과 소소한 시골살이의 에피소드들도 시인에게는 훌륭한 시의 소재가 된다. 시인의 집 '유리창에 박치기'를 하다가 기절하곤 하는 산새들이 정신을 차릴 때까지 지켜보고, 새들에게 유리창임을 알릴 방법을 고민하는가 하면(「그들의 하늘」), 일 년에 두 번이나 피어 두 배의 행운을 주는 호야 꽃 덕에 "나야말로/꽃 핀 할머니"(「꽃 핀 할머니」)라고 은근슬쩍 자랑도 한다.

새들은 쉬지 않고 노래하고
잠자리들은 햇살 담은 날개로 종횡무진,
장마 중에도 끊임없이 피어나던
주홍빛 나리꽃들을 들러리로
산자락의 모든 목숨들
싱싱 살아나고 있다

-「주홍빛 나리꽃들」 부분

열린 그들의 하늘이 아니고
닫힌 사람들의 유리창이라고,

새들에게 어떻게 알려야 할까.

-「그들의 하늘」 부분

함께 늙어가는 진돗개 진도의 '거시기'에 '다닥다닥' 붙어 있는 진드기를 떼어주다가 부상을 입은 시(「자존심」)를 읽다보면 웃음이 터져나오면서도 늙은 진돗개의 자존심까지 배려하는 시인의 마음이 느껴진다. 더 이상 '작약을 거느린 집'에 그 진돗개가 없다는 걸 알고 있는 독자들의 마음에 '움푹 팬 자리'가 남는 것도 어쩔 수 없으리라.

진드기를 잡아주면 지긋하게 눈 감고 흘리던 침도
사라졌다

아무도 접근할 수 없게 하던 그 무서운 호기도 사라
졌다

집에 들어설 때마다 제일 먼저 부르던 이름도 사라
졌다

-「작약을 거느린 집」 부분

온몸을 살살이 훑다
사타구니 바로 거시기에
깨알 보다 작은 놈들이
다닥다닥 붙은 있는 것이 아닌가

어쩐다, 몹시 가려울 텐데…

아주 조심스럽게
세 번째 것을 떼어내는 순간,

내 고함 소리에

진도도 놀라
입을 떼어내었지만

눈은 피하면서도
넌지시 화해의 몸짓을 건네는 진도를
못 본 척
하루 종일 미워하다가
통증 속의 하룻밤을 지나고 나서야
비로소 깨달게 되었다

진도의 자존심을 건드리다니!
－「자존심」 부분

이렇게 박서혜의 시를 읽는 것은 한 편의 동화를 읽는 것과 같다. 동화를 읽다 보면 '망가뜨리지 않은 벌집, 죽이지 않고 풀어 준 새, 존경의 마음으로 맞아 준 노파 같은 존재들'이 그 행위를 되갚아 주지 않던가? 시를 읽다 보면 "미약한 존재에게 씨앗처럼 뿌렸던 친절이, 동화에서 그리고 가끔은 현실에서도, 위기의 순간에 결실을 맺는다[3)]"는 리베카 솔닛의 말이 떠오르곤 한다. 힘없는 자들이 주인공으로 등장해 문제에 휘말렸다가 그것에서 나오는 이야기인 '동화'에서 주인공들이 살아남는 방법이 바로 '서로에 대한 친절한 행위'에서 비롯된 '힘없는 이들의 연합'이다. 박서혜의 이번 시집에 등장하는 많은 생명

3) 『멀고도 가까운-읽기, 쓰기, 고독, 연대에 대하여』, 리베카 솔닛, 반비 2016.

들이야말로 바로 동화의 주인공인 '힘없는' 생명들이 아닐까? 이 힘없는 생명들은 시인의 일상에 함께하기도 하고, 지나가는 풍경이 되기도 하지만 시인의 시선에 담겨 세상과 만난다.

시인은 "쏘지 마/ 미친 불은 싫어/우린/ 냥 이대로 살고 싶어"(「(꽃사슴이 말하다」) 외치는 꽃사슴의 이야기를 인간들에게 전하면서, 독자들을 시이기도 하고 동화이기도 한 세계 속으로 안내한다. 그의 시는 전원생활을 아름다움을 노래하는 것이 아니며, 시골살이의 아름다움을 예찬하지도 않는다. 강화의 풍경 속에서 살아가는 생명들의 하루하루와 사소한 사건사고들을 놀랍게, 때로는 담담하게 담아내는 것이다.

세월에 대한 회한이나 사무침을 찾아볼 수 없다는 것도 이번 시집의 특징이다. 달관에 가까운 담담함, 뭔가에 사무치지 않아 누구와도 친구가 될 수 있을 것 같은 시인의 여유로움이 곳곳에 배어난다. 누군가에게 많이 들어왔던 이야기의 또 다른 변주가 아니라, 강화라는 현실에 단단히 발 붙이고 있는 생활인의 이야기이기에 가능할 것이다. 시인이 그리는 풍경이 옛 시절의 회상이나 단순한 추억이 아니라 지금 이곳에서 살아 숨 쉬는 사람들의 생생한 현재라는 것, 그 풍경이 자연일 때조차 시시각각 바뀌는 바로 그 순간을 잡아낸다는 점에서 주목할 만하다. 언뜻 인생이나 세월에 대한 무상감을 내비칠 때도 있지만, 기억 속의 풍경을 복원하기보다는 현재의 생에 충실한 시인의 시 세계를 이번 시집은 잘 보여주고 있다.

이 시집이 나올 즈음엔 계절도 이미 늦가을 혹은 초겨울로 접어들 듯하다. 시집의 독자라면 시인이 그려낸 '멋진 늦가을' 풍경 속으로, 더 늦지 않게 길을 떠나보는 것도 좋겠다. 저녁놀과 '내일 또 만나자고', '홍손치기' 하며 하루를 마무리할 줄 아는 시인이 앞으로도 더 많은 시를 길어올리길 독자의 한 사람으로서 기다려본다.

— **정지은** 문화평론가

박서혜 시집
멋진 늦가을

초판 1쇄 발행_ 2017년 11월 15일

지은이_ 박서혜
발행인_ 윤미경
발행처_ 도서출판 다인아트
주소_ 인천광역시 남동구 구월3동 1096-19 3F
전화_ 032.431.0268 | 전송_032.431.0269
홈페이지_ http://dainarts.com | e-mail_dainart@korea.com
디자인_ 장윤미
인쇄_ 장원문화인쇄
제본_ 대한제책

ISBN 978-89-6750-048-1 (03810)
값 9,000원

※ 이 책은 인천문화재단 문화예술지원사업(원로예술인지원)의 지원으로 제작되었습니다.